Ste Anne de Jérusalem

à travers les Siècles.

ÉTUDE HISTORIQUE
présentée par la Classe d'Humanités
SOUS LA DIRECTION DE M. J. BULÉON

Ste Anne d'Auray

Librairie Lafolye, 1894.

Sainte-Anne d'Auray

SÉANCE LITTÉRAIRE

Donnée par la Classe d'Humanités

SOUS LA DIRECTION DE M. J. BULÉON

SAINTE-ANNE DE JÉRUSALEM

A TRAVERS LES SIÈCLES

VANNES
LIBRAIRIE LAFOLYE
1894

HOMMAGE RESPECTUEUX

ET REMERCÎMENTS SINCÈRES

A		AU
M. CL. LE GUEN		R. P. FÉDERLIN
Supérieur		Supérieur
du Sém. de S.-Anne d'Auray		du Sém. de S.-Anne de Jérusalem
qui a si obligeamment autorisé		qui a si cordialement accueilli

L'AUTEUR

à faire le pèlerinage		pendant le pèlerinage
de Terre Sainte		de Terre Sainte

EN 1893

J. BULÉON,
Professeur d'Humanités.

SAINTE ANNE, PATRONNE DES BRETONS

Sainte Anne est la reine du peuple breton ; depuis treize siècles, avec une affection puissante qui ne s'est jamais lassée, elle répond à nos hommages par des bienfaits. Aussi est-ce avec une émotion toute filiale que nous avons suivi les Humanistes du petit séminaire de Sainte-Anne, à travers les détails de la grande histoire qu'ils ont déroulée sous nos yeux.

Rassembler, avec une patience bénédictine, tout ce qui se rattache à LA MAISON DE SAINTE ANNE, depuis l'heure auguste de l'*Immaculée Conception* jusqu'à nos jours ; étudier, aux lieux mêmes où elle a vécu, les manifestations de la puissance divine à son égard, le développement de son culte, les obstacles opposés par les passions humaines aux desseins de Dieu, le triomphe enfin dont la France a été l'instrument, c'était une œuvre aussi ardue que grande. Les Humanistes ont eu le courage de la tenter ; et, avec la *collaboration* de leur professeur, M. Buléon, — qui a recueilli sur place, à Jérusalem, tous les documents de cette histoire, — ils ont réussi à nous donner une étude riche de détails et harmonieuse dans son ensemble.

L'histoire de Sainte-Anne de Jérusalem, — *c'est* l'histoire de la Sainte *qui a été le premier sanctuaire de l'*Immaculée Conception, *et qui occupe par cela même une place à part dans la hiérarchie du ciel :* — *c'est aussi l'histoire du domaine béni où s'est opéré le renouvellement de l'humanité, et qui est par conséquent mille fois plus saint que le coin vainement recherché du paradis terrestre, où fut créé le premier homme dans l'innocence primitive.*

La façade du théâtre, par l'ensemble harmonieux de sa belle décoration, prépare les esprits à entendre la glorification de l'*Immaculée Conception*. A droite, sur un haut piédestal, une statue de *sainte Anne*; à gauche, une statue de *N.-D. de Lourdes*; et, au-dessus de chaque statue, une pyramide de trophées qui encadrent des cartouches ornés d'emblèmes, où se lisent les noms de Jérusalem, berceau de la Vierge Immaculée, et de Lourdes, sa résidence de prédilection, — Ste Anne d'Auray et Ste Anne d'Apt, — Ste Anne de Beaupré et Ste Anne du Fernanvaz, deux colonies essaimées par le sanctuaire d'Auray, et devenues elles-mêmes, au Canada et au Congo, des centres de pèlerinages très fréquentés. Une large banderole de pourpre était destinée à réunir par le sommet les deux colonnes de trophées, avec cette inscription en lettres d'or : IMMACULÉE CONCEPTION[1].

---

[1] La décoration du théâtre a été faite par M. l'abbé Valliaux, avec la collaboration des élèves du dessin.

SAINTE-ANNE DE JÉRUSALEM

A TRAVERS LES SIÈCLES

I

L'IMMACULÉE-CONCEPTION

Au début, nous avons sous les yeux ce coin béni de Jérusalem où s'étend le petit domaine de Sainte-Anne[1] : l'humble maison qui se prolonge dans le roc et, derrière, le jardin où une pieuse tradition nous montre la Sainte priant dans son angoisse et exhalant sa plainte, à l'ombre d'un figuier. A quelques pas, la piscine probatique, avec ses arcades monumentales et son eau paisible qu'agite, à certains jours, l'Ange du Seigneur.

Pendant que sainte Anne pleure, Joachim est à la campagne, dans sa bergerie; mais les deux époux s'unissent dans un même désir et une même prière.

---

[1] Ce décor est l'œuvre de M. Séveno. — Le quartier de la *Probatique*, c'est-à-dire des *Brebis*, était situé à cette époque en dehors des remparts, mais néanmoins tout près du Temple; c'est là sans doute que l'on gardait les brebis et les agneaux destinés aux sacrifices.

Tristes parce qu'ils n'ont pas d'enfants, ils implorent, ils attendent.

Les personnages demeurent invisibles aux yeux des spectateurs ; mais les accents de leur touchante prière arrivent jusqu'à nos oreilles[1].

Pi - tié, Sei-gneur, pitié ! Sur ma ti-ge flé - tri - e Fais germer à Da - - vid un re-je - ton vi - - - - - vant ; C'est si tri - - - ste, mon Dieu, de voir toute sa vi - e Sa maison sans enfant, Sa mai-son sans enfant.

Enfin Dieu a entendu la prière d'Anne et de Joachim. Une éblouissante lumière entoure tout à coup la maison où la pauvre femme pleurait[2] ; un lis qui croissait inaperçu dans le jardin s'épanouit et présente une corolle d'une éblouissante blancheur ;

---

[1] Mélodie de M. Th. Decker.
[2] Les projections lumineuses, qui ont obtenu un si grand succès dans cette soirée, ont été dirigées par M. Le Trouher.

et le chant des anges annonce avec la gloire de sainte Anne le grand jour de l'Immaculée Conception.

C'est d'abord, sur une mélodie qui est un chef-d'œuvre, la gracieuse antienne[1]

Et faisant écho à ce chant du ciel, la Terre qui vient de tressaillir à la première aurore de sa Rédemption chante à son tour[2] :

---

[1] Office de *sainte Anne*, dans le propre de Vannes.
[2] Mélodie de M. Th. Decker.

II

L'AGE ÉVANGÉLIQUE

Elle est née, la Vierge bénie que les Druides attendaient dans nos forêts des Gaules : et comme si des liens mystérieux unissaient déjà l'*Immaculée* à notre patrie, nos ancêtres lui dressent des autels avant même de la connaître.

La sainte maison de Jérusalem qui l'a vue naître la voit grandir dans la prière sous le regard maternel qui s'étonne et jouit de sa beauté surhumaine.

C'est de là qu'elle part à l'âge de trois ans pour le Temple, où elle va s'unir plus intimement au Dieu dont elle deviendra la Mère.

C'est là qu'elle entoure de son affection filiale ses pieux parents ; là qu'elle recueille leur dernier soupir ; là qu'elle confie à la terre leurs corps sacrés, dans le jardin qui complète leur humble domaine.

Après Bethléem où naît Jésus, après l'Egypte où il s'exile, après Nazareth où il travaille, pauvre et inconnu, l'accomplissement de sa mission divine ramène quelquefois le Sauveur au domaine de son Aïeule.

C'est là que Joseph a dû prendre les deux colombes qu'il offrit au Seigneur pour racheter son Fils ; et quand, douze ans plus tard, Jésus se déroba à la vue de ses parents, était-il resté après eux dans la demeure de ses ancêtres? Peut-être ; du moins c'est tout près de là, sous les galeries du Temple qu'on le rencontra trois jours après, causant avec les Docteurs de la Loi.

Pendant sa vie publique c'est là qu'il se retirait sans doute pour échapper tour à tour aux hommages et aux persécutions de la foule.

Qui n'a lu l'admirable page où l'Evangile raconte la guérison du paralytique? Elle eut lieu à quelques pas de la maison de sainte Anne, près de la célèbre piscine, où ce pauvre, que personne n'aidait, attira les regards de Jésus[1]. Et c'est à la suite des discussions provoquées par ce miracle, qu'il proclama sa Divinité pour la première fois.

La Passion se prépare. La voie douloureuse aura son point de départ dans la rue de la Probatique ; et Jésus recevra sa croix presque à la porte de sa maison.

---

[1] Les jeunes auteurs n'ont pas songé à refaire le récit sacré — on ne refait pas ce qui est raconté par Dieu ; mais ils l'ont reproduit, j'allais dire illustré, en TROIS *tableaux vivants* qu'aurait pu signer un grand maître. Jésus, calme et grave dans sa puissance ; le malade, inquiet, confiant, puis joyeux ; les Pharisiens surpris, et laissant voir dans leur étonnement leur haine jalouse ; toute cette scène — *avant, pendant et après le miracle* — a été rendue avec une intensité de vie et une réalité saisissante.

Ces tableaux vivants ont été représentés par les élèves de philosophie, sous l'habile direction de M. l'abbé RIO.

Après la glorieuse Assomption de la Vierge, la demeure sacrée devient sa première église ; et, s'il faut en croire une tradition, ce fut peut-être la première *cathédrale* de saint Jacques : on sait que le premier évêque de Jérusalem était lui-même un neveu de sainte Anne.

Cependant les temps arrivent où la colère divine doit frapper la cité déicide : c'est le dernier épisode de l'Age Evangélique. Le Temple sera détruit et la ville saccagée ; et, comme si la grand'mère de Jésus était venue en personne ouvrir la brèche aux vengeurs de son petit-fils, c'est par le domaine de sainte Anne que les Romains pénètrent dans la ville.

Mais dans ce désastre que deviendra le sanctuaire béni de l'Immaculée-Conception ?

Pendant toute la durée de la séance, le *chœur invisible des Anges* exprime, à la manière du théâtre grec, les sentiments de crainte ou de joie qui remplissent tour à tour nos âmes, suivant les diverses péripéties de cette émouvante histoire. Ce *chœur des Anges* a le double avantage de rompre l'inévitable monotonie des narrations, et de maintenir l'unité d'intérêt, en rattachant l'un à l'autre ces récits qui sont dispersés sur un espace de dix-neuf siècles.

Jésus veille sur la maison de son Aïeule et de sa Mère : il laissera profaner le saint sépulcre ; mais on ne souillera pas la demeure de l'Immaculée, qui sera providentiellement protégée par les décombres qui la recouvrent.

Ainsi disparut la première chapelle de la sainte Vierge et de sainte Anne ; et, comme plus tard à Sainte-Anne d'Auray, de sa grandeur passée il ne restera ici d'autre trace que la fontaine ; encore finira-t-on par oublier sa vertu miraculeuse.

III

L'ÈRE

DE LA PAIX CHRÉTIENNE

Lorsque sainte Hélène — princesse bretonne — vint à Jérusalem prier sur le Calvaire et retrouver la croix du Sauveur, la ville sainte fut remplie des marques de sa pieuse munificence.

D'après les études les plus récentes, la *basilique de Sainte-Anne*, qui a traversé les siècles, remonte à cette époque lointaine. Elle était autrefois précédée d'un atrium, à la manière des basiliques romaines ; mais le corps de l'édifice fut, dès l'origine, construit d'après les principes de l'architecture syrienne, avec l'*arc ogival* qui allait devenir au moyen âge le principe générateur de l'*architecture française* : ainsi tout nous rappelle ici la France, même les monuments antiques !

Saint Sabas, le grand moine dont l'Orient est si justement fier, y accompagna Justinien, au VI² siècle ; c'est de sa bouche que nous entendrons la description de la basilique. La piété de la fondatrice a fait de la modeste demeure un temple digne de Celle qu'on y honore ; et ce sera plaisir de suivre, en compagnie des jeunes *Humanistes*, les destinées

Sainte Anne de Jérusalem
(La basilique avant la restauration.)

de ce sanctuaire à travers les vicissitudes de l'histoire.

Au centre de l'édifice, un dôme s'arrondit gracieusement au-dessus de l'autel, en forme de ciborium ; au-dessous, il y a une double crypte, où l'on voit côte à côte la chambre de la Nativité et la chambre funéraire de sainte Anne[1].

Avec l'ère de la paix chrétienne, le quartier de la Probatique vit reparaître la vertu miraculeuse qu'il avait perdue. On y venait en grand nombre ; et Justinien y construisit un hôpital à l'usage des pèlerins qui se faisaient porter là, comme aujourd'hui en Bretagne ou à Lourdes, pour demander leur guérison à sainte Anne ou à sa fille Immaculée[2].

Mais, hélas ! les successeurs de Justinien n'auront pas son génie ; en 615, Jérusalem va tomber aux mains des Perses ; toutes les basiliques de la Ville sainte deviendront la proie des flammes, sauf, probablement, celle de l'*Immaculée-Conception* qui était voûtée en pierre. — Enfin, vingt ans après, arrivera Omar, le terrible sultan. . . . .

Que deviendra, au pouvoir de cette religion impure la maison de sainte Anne ? — *Anges du ciel, anges de Dieu, comment garderez-vous le sanctuaire béni de l'Immaculée-Conception ?*

---

[1] Le décor qui représente la basilique de Sainte-Anne est le chef-d'œuvre de M. P. Pobéguin.

[2] En restaurant la Basilique, on a découvert un des *ex-voto* qu'on avait coutume de suspendre, comme chez nous, aux murs de l'édifice : c'est un pied en marbre blanc, avec une inscription qui indique le nom de la personne qui l'a offert.

IV

LE CROISSANT

Viæ Sion lugent ! — Et la voix des Anges, reprenant les accents désolés du prophète, pleure comme les rues de la sainte cité.

Il semble en ce moment que tout soit perdu ! or cette époque sera l'une des plus glorieuses de l'histoire de sainte Anne !

C'est sous la domination arabe que Marie fera publier les plus beaux titres de gloire de sa mère ; et le docteur qui les proclamera, sortira du palais d'un calife musulman !

Tout le monde connaît les aventures de ce jeune vizir à qui son maître fit couper les mains, et que la sainte Vierge guérit pour en faire le *Docteur de Sainte-Anne.* — C'est une curieuse histoire, et elle a été vivement applaudie. — A la suite de ce tragique événement, Jean de Damas ou Damascène, embrassa la vie monastique au couvent de Saint-Sabas, à quelques lieues de Jérusalem ; et, le 8 septembre, il quittait sa cellule pour venir célébrer les gloires de sainte Anne dans la basilique de la Nativité ; c'est ici qu'il a prononcé ses précieuses homélies, où la théologie et l'histoire ont puisé les documents les plus exacts sur le Père et la Mère de l'Immaculée Conception.

Omar se montra bon prince pour les chrétiens ; mais les successeurs du sultan firent abattre les croix ; et le souterrain de l'Immaculée-Conception est plus que jamais à la merci des infidèles, sans cesse exposé à leurs profanations.... *Anges du ciel, n'y a-t-il pas encore de Français dans le monde ?*

☨

Il y a des Français dans le monde ! En l'an 800, Charlemagne est couronné empereur. Les chansons de gestes racontent qu'il poussa ses conquêtes jusqu'en Orient et qu'il s'empara de Jérusalem.

Mais l'histoire est encore plus belle que la légende : Charlemagne n'a pas eu besoin de paraître en Palestine ; son nom seul a suffi pour conquérir le Saint Sépulcre. — Haroun-al-Raschid, voulant vivre en bonne harmonie avec un souverain si redoutable, lui envoya les clefs de Jérusalem, et plaça la ville sainte sous l'autorité du grand empereur.

Il ne nous appartient pas de discuter ici l'authenticité du récit d'après lequel Charlemagne aurait découvert dans la cathédrale d'Apt, en Provence, le corps miraculeusement conservé de sainte Anne... On dirait le fragment détaché d'une chanson de Gestes, où la légende, tout en respectant les grandes lignes de l'histoire, la développe et l'embellit.

Mais nous savons du moins que le nom de sainte Anne, qui jusque-là était à peine connu en Occident, acquit dès cette époque une grande popularité ; c'est alors que son culte prit place dans la liturgie de Rome ; et à Jérusalem la basilique de la Nativité, qui a porté d'abord le nom de la Fille — *Sancta*

Maria ubi nata fuit — prendra désormais le nom de la Mère — *Sancta Anna in Jerusalem.*

Hélas ! pourquoi faut-il que les grandes joies soient presque toujours le prélude des grands deuils !....
Quelques années après la mort de Charlemagne, Jérusalem tomba au pouvoir d'un calife barbare, qui donna l'ordre de détruire les églises. Toutefois, la basilique de Sainte-Anne fut encore sauvée de la

Intérieur de la basilique convertie en *Médersé* par Saladin

ruine : on en fit une mosquée, et ce fut cette destination nouvelle qui la sauva.

La mosquée est chez les musulmans la *maison de la prière*; on n'y fait pas de sacrifice. L'Islam est en effet postérieur au christianisme ; et, au temps de Mahomet, l'humanité ne sentant plus, comme avant la mort de J.-C., le même besoin instinctif d'offrir à Dieu du sang, le prophète arabe n'institua aucun sacrifice. Les musulmans ne viennent dans leurs temples que pour adorer Dieu ; et quand un édifice devient une mosquée, on peut être sûr qu'on le respectera : c'est la maison de la prière.

Mais, hélas! le muezzin qui du haut de son minaret invite chaque jour les croyants à prier ne leur inspire que des prières haineuses ?.. Est-ce bien la Jérusalem ?...

☨

Dieu le veut! ont crié les Croisés ; et l'Occident chrétien s'est ébranlé pour marcher, en bandes immenses, à la délivrance du tombeau du Christ. L'entreprise est pénible autant qu'elle est grande ; ils souffrent, ils luttent, ils meurent, mais ils font triompher la cause de Dieu. Toute la fleur de la noblesse bretonne était là avec le duc Alain Fergent : ils montèrent des premiers à l'assaut ; et dans la ville sainte la première église qu'ils rencontrent est celle de sainte Anne leur patronne ; « Ne pensez-vous pas que son oreille maternelle distingua avec joie leur rude langage au milieu des cris de triomphe que faisaient entendre près de son sanctuaire toutes les langues de l'Occident[1]. » Aussi avec quel enthousiasme ils peuvent chanter enfin[2] :

La Vierge immaculée a donné la victoire !...

Après cette entrée triomphale, le sanctuaire de l'Immaculée-Conception aura ses gardiennes : des religieuses austères se firent un honneur de veiller sur ce dépôt sacré ; et leurs voix ne se taisaient ni jour ni nuit.

Un jour pourtant la pieuse voix des Bénédictines se tut : un drame héroïque se passa dans ce cloître ; c'était au moment où Saladin assiégeait la Ville sainte, Jérusalem allait tomber en son pouvoir ; les

---

[1] Lettre du cardinal Lavigerie à Monseigneur l'évêque de Vannes.
[2] La musique du *Chant triomphal des Croisés* est de Verdi. Les chants ont été exercés et dirigés par M. l'abbé Le Gendre.

chastes recluses, pour se mettre à l'abri des outrages du vainqueur, se mutilèrent la figure ; et à la vue de ces visages sanglants, devant ces femmes immobiles dans les stalles du chœur comme des statues mutilées, les barbares s'arrêtèrent avec effroi : pas un Sarrasin n'osa approcher d'elles.

☦

Voici encore des jours de deuil : les Arabes chassés sont remplacés par les Turcs ; devant eux les fils de Mahomet sèment la terreur.

Anges du ciel, gardez-nous, gardez bien le sanctuaire béni de l'Immaculée-Conception ..

Le sanctuaire de l'Immaculée-Conception ne sera jamais profané.

Au milieu de tant de monuments qu'ils profanent, les Sarrasins respectent la maison de sainte Anne, qui devient une école de jurisconsultes, la médersé de Salahieh. Défense d'entrer dans la crypte — c'est Dieu qui parle par des actes : tout musulman qui y pénètre doit mourir.

Et nous entendons encore la voix des Anges : « *Terribilis est locus iste : hic domus Dei est... et vocabitur aula Dei.* »

Devenus prudents en face de ces manifestations de la puissance divine, les santons musulmans murent eux-mêmes la porte de la crypte : les animaux ne viendront pas la souiller de leurs ordures ni les sectaires de leurs profanations.

Mais si les musulmans s'écartaient par frayeur du sanctuaire de l'Immaculée-Conception, les chrétiens ne cessèrent jamais de le visiter ; et les nombreuses relations que les pèlerins ont publiées de leurs voyages en Terre Sainte sont unanimes à décrire leur pieuse obstination à visiter ce lieu, si redouté des musulmans et si vénéré des chrétiens.

Les Humanistes ont combiné ensemble deux de ces relations : et en y joignant les impressions personnelles de leur professeur, ils ont condensé dans un seul récit toutes les émotions et tous les dangers qui attendaient — du XIVe au XIXe siècle, — les pèlerins assez hardis pour s'aventurer jusqu'au sanctuaire béni.

Un soir, des pèlerins, conduits par un jeune Arabe, se glissent à travers les rues de la ville, dans la splendeur calme d'une nuit orientale, et se dirigent vers le sanctuaire. Un soupirail leur donne accès dans la crypte murée, un prêtre leur dit la messe ; ils s'approchent de la sainte table pendant que le muezzin, du haut d'un minaret, laisse tomber sa voix monotone, et ils sortent après avoir prié au péril de leur vie dans le sanctuaire de l'Immaculée-Conception.

Sainte Brigitte elle-même fit ce pèlerinage ; et c'est alors qu'elle eut au sujet de la maison de sainte Anne une révélation célèbre : « Quiconque viendra dans ce lieu où Marie est née, non-seulement sera purifié, mais encore deviendra un vase d'élection pour ma gloire[1]. »

Anges du ciel, est-ce que les prières et les larmes, versées en secret dans le silence des nuits par tant de courageux pèlerins, n'obtiendront pas enfin la libération de ce territoire sacré ?

---

[1] Révélations, liv. V., 13.

V

LE SIÈCLE

DE L'IMMACULÉE CONCEPTION

Après dix siècles de délaissement, le territoire de Sainte-Anne est toujours aux mains des musulmans, et dans quel état !

Vers 1830, le baron de Géramb, ayant voulu prier en cet endroit, dut reculer de dégoût, en trouvant à l'entrée de la basilique un chameau en putréfaction. La malédiction semblait peser sur ce coin de terre ; les musulmans s'en écartaient de plus en plus. Mais en réalité, c'était la bénédiction de Dieu qui le gardait contre leurs profanations.

Cependant l'oubli se fait plus profond sur la destinée de ce lieu privilégié ; et même, depuis le XVII° siècle, une légende s'accrédite peu à peu d'après laquelle sainte Anne aurait été enterrée, comme sa fille, dans la vallée de Josaphat... — Quand donc finira cette période de délaissement et d'oubli ?

Dieu est patient, parce qu'il est éternel : Sainte Anne, qui fut la grand'mère du bon Dieu, lui ressemble un peu de ce côté ; elle sait se cacher à propos, quitte à se manifester ensuite avec d'autant plus d'éclat : à Keranna, en Bretagne, elle avait attendu

SAINTE-ANNE DE JÉRUSALEM.
(Depuis sa restauration).

900 ans le moment du triomphe; de même à Jérusalem, rien ne fait prévoir que le triomphe soit proche.

Pourtant les anges, comme autrefois à la porte du paradis terrestre, continuent de veiller ici. En 1840, Ibrahim-Pacha donna l'ordre de démolir la basilique : le jour même, il était battu à Saint-Jean-d'Acre ; la domination égyptienne cessa en Palestine, et il dut quitter Jérusalem. — Dieu commence à faire sentir sa main.

☦

Enfin, en 1854, l'Eglise réunie autour de Pie IX acclame le dogme de l'Immaculée-Conception solennellement défini.

Ce fut le signal du triomphe.

A ce moment même, la France organisait une croisade contre l'envahissement schismatique de la Terre Sainte par la Russie. Et les Anges purent chanter encore :

<blockquote>La Vierge immaculée a donné la victoire !</blockquote>

car le 8 septembre, jour de la Nativité de Marie, Sébastopol se rendit, et la guerre se termina par une victoire éclatante.

La France, en arrêtant les progrès de la Russie vers la Palestine, avait rendu service à l'Eglise ; elle avait aussi rendu service à la Turquie ; et comme prix de sa victoire, pour les 80.000 victimes qui étaient tombées durant la campagne, elle demandait qu'on lui cédât un sanctuaire à Jérusalem : maigre résultat au point de vue de la politique humaine, admirable —

la France ne combat pas pour de l'or — aux yeux de la foi.

A cette époque le consul de France en Palestine était M. E. de Barrère : ayant été chargé de choisir le sanctuaire qu'il convenait d'acquérir à la France, il se souvint qu'il était Breton, et il désigna Sainte-Anne.

La demande était hardie ; une mosquée peut tomber en ruines ; mais c'est un crime de la démolir, et c'est un sacrilège inouï de la désaffecter au profit d'un autre culte. N'importe ; le consul, avec l'obstination de sa race et de sa foi, insista ; et la Turquie, faisant exception pour la première fois aux habitudes du fanatisme musulman, finit par céder à la France le territoire de l'Immaculée-Conception, — le paradis terrestre.

La cession eut lieu le 1ᵉʳ mai 1856.

Le domaine de Sainte-Anne, jouissant de *l'extraterritorialité*, devenait ainsi, non pas seulement propriété de la France, mais province française. Le premier acte du consul comme gouverneur du nouveau territoire fut d'en faire hommage à la Bretagne, en envoyant à Sainte-Anne d'Auray une pierre de Sainte-Anne de Jérusalem[1].

Quand un nouveau territoire est incorporé à un pays, toutes les illustrations de ce coin de terre deviennent le patrimoine commun de la grande patrie : c'est ainsi que la Bretagne, est devenue française avec ses grands hommes et ses grands souvenirs. Pour la même raison, les gloires du domaine de Sainte-Anne, depuis qu'il est annexé à notre territoire, sont de-

---

[1] Elle se trouve dans le trésor de la Basilique, avec cette inscription caractéristique : « A Sainte-Anne d'Auray, — Roche du sanctuaire de l'église de Sainte-Anne de Jérusalem. — Prise de possession par la France, — le 1ᵉʳ novembre 1861... »

venues les gloires de notre pays. Désormais donc, on peut dire, en toute vérité, que l'Immaculée Conception a eu lieu... en terre de France, — et que Marie est devenue Française par sa naissance !... Etonnez-vous maintenant que la sainte Vierge apparaisse si souvent chez nous, et que sainte Anne ait demandé qu'on lui bâtit ici une chapelle ? Comme sa fille Immaculée

Sainte Anne a deux pays, le sien et puis la France.

On ne sut pas apprécier tout d'abord le prix du présent que nous faisait le ciel ; et tout ceci pourtant n'était que le prélude d'un autre présent plus précieux encore.

Seize mois plus tard, avant même qu'on eût terminé les négociations diplomatiques, l'*Immaculée Conception* apparut à Lourdes, comme si la sainte Vierge voulait transporter sur un point plus rapproché de nous, sa salle d'audience et sa fontaine miraculeuse. — Remarquable coïncidence ! le jour même où la source jaillissant sous les doigts de Bernadette s'étendait en nappe d'eau sous le regard de Marie, l'Église rappelait dans son office le miracle de la Piscine Probatique.

Enfin, il y a quelques années, le territoire de l'Immaculée-Conception, cédé par la Turquie à la France, a été confié par la France à l'Eglise. « Et de même que c'était un Breton qui avait, au nom de la France, arraché aux Infidèles le sanctuaire de Sainte-Anne, c'est encore un Breton qui l'a reçu de la France, au nom de l'Eglise, » — M. Gillard (de Quimper), vicaire général de Mgr Lavigerie.

Aujourd'hui les *Pères Blancs,* choisis par le Gouvernement français et par le Saint-Siège comme chapelains de Sainte-Anne, ont fondé autour de la basilique un séminaire très florissant, où ils préparent, sous les auspices de l'Immaculée Conception et le patronage de la France, l'Union des Eglises Orientales avec l'Eglise Latine.

La France, après avoir pris possession de son nouveau territoire, entreprit de restaurer l'église ; la restauration est une merveille ; l'architecte[1] a reproduit pierre à pierre l'édifice primitif ; et la basilique rajeunie est aujourd'hui la plus belle église de Jérusalem en même temps qu'elle en est probablement la plus ancienne : c'est le seul des grands sanctuaires qui appartienne sans partage aux Catholiques. On trouve les schismatiques au Saint-Sépulcre, et les musulmans au Cénacle ; les uns et les autres ont accaparé le tombeau de la Vierge ; mais ni l'hérésie ni le schisme n'ont pu pénétrer dans le sanctuaire de l'Immaculée-Conception : *Locus iste sanctus est.*

Il restait encore une question à décider : où était le tombeau de sainte Anne ? — On n'en trouvait pas une seule trace dans la crypte. — Le R. P. Cré, directeur au séminaire de Sainte-Anne, se mit à chercher, et après bien des travaux et des fatigues, le 18 mars 1889, il eut la joie de retrouver, dans une crypte murée et située sous la coupole, les tombeaux de saint Joachim et de sainte Anne : c'est un Breton, le P. Varangot, qui eut l'honneur de pénétrer le premier dans la chambre funéraire[2].

Dans l'*arcosolium*, on a établi un autel à la place

---

[1] M. Mauss.
[2] Le R. P. Cré a raconté cette curieuse découverte dans une brochure très intéressante et très documentée. — Le professeur d'Humanités envoie de Sainte-Anne d'Auray ses remerciements au R. P. Cré, qui lui a fait étudier sur place la sainte Basilique avec une érudition d'orientaliste qui n'a d'égale que l'exquise bonne grâce du religieux.

même du tombeau ; et pendant le Congrès Eucharistique on a solennellement inauguré cet autel : l'évêque consécrateur était Breton de naissance, Mgr de Goësbriand ; les deux prêtres qui l'assistaient représentaient, l'un Sainte-Anne d'Auray, l'autre Sainte-Anne de Beaupré au Canada.

Cette imposante cérémonie clôt l'histoire dont nous avons suivi les phases à travers dix-neuf siècles : et, à la fin de la séance, toute la salle, s'unissant de cœur avec les Anges invisibles qui continuaient à chanter, priait tout bas avec eux : *Anges du ciel, Anges de Dieu, gardez-nous, gardez bien le sanctuaire béni de l'*IMMACULÉE-CONCEPTION.

La séance a été close par un tableau allégorique, qui rappelle dans une même scène, deux événements distincts : le *territoire de l'*IMMACULÉE-CONCEPTION *cédé par la Turquie à la France,* — et confié par la France à l'Église.

Le *consul de France*, en grand uniforme, reçoit du *pacha de Jérusalem* l'acte de cession du territoire, — et il le présente au *cardinal Lavigerie*. Le cardinal, revêtu de ses ornements pontificaux, personnifie à la fois, dans ce tableau, l'Église catholique dont il a été en Orient un des représentants les plus illustres, et les chapelains français de Sainte-Anne dont il est le supérieur.

Au-dessus de ce groupe, et un peu en arrière, flotte un immense drapeau tricolore, avec l'image du Sacré Cœur au centre : il est tenu par un officier de marine.

La scène se passe devant la Basilique de Sainte-Anne pavoisée de drapeaux français ; et la Montagne des Oliviers, qui se prolonge au loin, se colore de teintes chaudes aux reflets des premiers feux de l'aurore.

A droite et à gauche, les marins français présentent les armes ; dans la salle, tous les clairons sonnent le salut au drapeau ; — et dans l'air, au milieu d'un nuage d'encens, apparaît, pour ratifier cette prise de possession de son domaine par la France. l'image de l'*Immaculée Conception*.

O Ma-ri-e con--çue sans pé-ché, Pri-ez, pri--ez, pri--ez pour la France !

O Ma--ri-e, con--çue sans pé-ché, Pri-ez, pri--ez, pour l France !

PRIÈRE

DES ÉLÈVES DE SAINTE ANNE

ET

SOUHAITS DE FÊTE

A

M. LE SUPÉRIEUR

Sainte Anne, gardez-nous : préservez notre Pere
De voir jamais ici les cours sans jeux bruyants,
L'étude sans travail, l'église sans prière,
    La maison sans enfants.

Préserve-le de voir ses enfants sans courage,
Leur esprit sans vigueur par l'effort abattu,
Leur volonté sans frein déjà prête au naufrage
    Leur âme sans vertu.

Cette prière se chante sur la mélodie de la *prière de sainte Anne*, notée dans la 1ʳᵉ partie du compte rendu.

SAINTE-ANNE DE JÉRUSALEM

A TRAVERS LES SIÈCLES

Pour que le lecteur suive, avec plus d'intérêt et de profit, le compte rendu nécessairement très succinct de cette vaste étude, nous résumons ici dans une courte nomenclature les faits principaux.

Le quartier de la Probatique, à Jérusalem.

I

L'IMMACULÉE CONCEPTION

La prière de sainte Anne.
Le chant des Anges.

II

L'AGE ÉVANGÉLIQUE

La Nativité de Notre-Dame.
La Présentation de Marie au Temple.
Mort et sépulture de saint Joachim et de sainte Anne.
L'Évangile dans le domaine de sainte Anne.
La Fontaine miraculeuse.
La Mort de Notre-Dame.
Prise de Jérusalem par Titus.

---

[1] Académiciens de la classe d'Humanités :

J. Audo.	A. Lohéac.
L Koun.	P. Lozerec.
D. Kérino.	J. Lécuyer.
J. Jaffrézo.	H. Pivert.
L.-M. Offredo.	

III
L'ÈRE DE LA PAIX CHRÉTIENNE

La Basilique de Sainte-Anne.

IV
LE CROISSANT

1° Avant les Croisades.

Saint Jean Damascène, *le docteur de sainte Anne*.
Charlemagne. } Les clefs de Jérusalem.
La découverte d'Apt.

2° Pendant les Croisades.

Prise de Jérusalem par les Croisés.
Les Religieuses de Sainte-Anne.

3° Après les Croisades.

La médersé de Salahieh.
La mort des profanateurs.
Un pèlerinage nocturne à la crypte.

V
LE SIÈCLE DE L'IMMACULÉE CONCEPTION

Le domaine de Sainte-Anne, au début du XIX° siècle.
Le départ d'Ibrahim-Pacha.
La proclamation de l'Immaculée Conception (1854).
La prise de Sébastopol (8 sept. 1855).
Annexion du domaine de S.-A. au territoire Fr. (1856).
Apparition de l'**Immaculée Conception** (1858).
Découverte des tombeaux de s. Joachim et de S. Anne.

www.ingramcontent.com/pod-product-compliance
Lightning Source LLC
Chambersburg PA
CBHW060711050426
42451CB00010B/1376